CHARRO

GEORGE ANCONA

HARCOURT BRACE & COMPANY   San Diego   New York   London

La charreada mejicana, al igual que el rodeo norteamericano, derivó de los antiguos métodos para reunir ganado en los amplios campos. Hoy en día ambos deportes celebran sus propias tradiciones nacionales. Se parecen en algunas cosas, pero cada uno tiene sus propias reglas y a veces usan métodos violentos para manejar el ganado y los caballos.

Agradecimiento por las ilustraciones
"El vaquero echando el lazo" dibujo de Moritz Rugendas, litografía de G. M., Kurz.: De *México: Paisajes y bosquejos populares* por Carl Christian Sartorius. Traducción del inglés al castellano de la edición de 1859, por Mercedes Quijano Narezo: *Mexico y los Mexicanos,* álbum con dibujos por Moritz Rugendas (XXVI), segunda reimpresión de la edición de México 1987, CEHM CONDUMEX, México, 1991.
"El ranchero" dibujo de Hesiquio Iriarte, litografía de M. Murguía y Ca.: De *Los mexicanos pintados por sí mismos* por Jaun de Dios Arias y otros, con ilustraciones de los grabadores Hesiquio Iriarte y Andrés Campillo, coloreadas por Emilio Tamés, reedición de la de 1854 (XVI), reimpresión de la edición de México 1988, CEHM CONDUMEX, México, 1989.

Library of Congress Cataloging-in-Publication Data
Ancona, George.
[Charro. Spanish]
Charro/George Ancona.
p. cm.
Summary: Text and photographs present the traditions and the annual celebration of the charro, the Mexican cowboy.
ISBN 0-15-202026-8 (pb)
1. Mexico—Social life and customs—Juvenile literature. 2. Charros—Mexico—Social life and customs—Juvenile literature. [1. Charros. 2. Cowboys. 3. Mexico—Social life and customs. 4. Spanish language materials.] I. Title.
F1210.A74613 1999
972—dc21 98-21582

Text set in Cochin
Designed by George Ancona and Camilla Filancia
First edition
F E D C B A (pb)

Printed in Singapore

Para don Pablo Barba y Barba, *Charro*

Don Pablo

Don Pablo es un ranchero que vive en
la ciudad de Guadalajara en México. Todos
los días maneja su camioneta a su rancho.
Aunque lleva puesta una cachucha, a su
lado en el asiento está su viejo sombrero
de charro. "Es difícil entrar y salir de la
camioneta con sombrero," dice don Pablo
con una risita. Al llegar al rancho se cambia
de sombrero y sale a caballo a revisar su
ganado premiado.

Caballos y ganado fueron algunos de los animales que los españoles trajeron al Nuevo Mundo. En México construyeron haciendas para criar ganado. Los que manejaban los ranchos se llamaban hacendados y los vaqueros que rodeaban el ganado para lazar y marcarlo se llamaban charros. El origen del traje de charro de hoy se puede ver en el vestido de los antiguos hacendados. Muchas veces en la historia de México los charros han montado a caballo para defender a su país. El charro, con su gran sombrero, reata y caballo, es símbolo del orgullo y patriotismo de los mexicanos.

Cuando terminan las tareas de la mañana, don Pablo y los hombres y muchachos se juntan para descansar. Uno de los jóvenes empieza a florear, es decir, a hacer flores en el aire con una reata. Su hermano mayor lo acompaña montado a caballo.

Por supuesto, don Pablo no se aguanta y él también se pone a brincar dentro y fuera girando su reata.

"Esto es lo que siempre hemos hecho para relajarnos después de un día de trabajo duro," dice don Pablo. "La habilidad de montar y lazar que se necesitaba para trabajar el ganado se ha convertido en un deporte nacional que se llama la charrería."

La Charreada

Un mar de sombreros llena el lienzo, el estadio donde se hace la charreada. Encima del ruedo están las tribunas para el público, muchos de ellos vestidos en trajes tradicionales. La charreada comienza cuando los charros y charras llenan el lienzo para cantar el himno nacional.

Entonces comienzan las suertes. Estas son los eventos que prueban al charro en su destreza a caballo, con su reata—y su valor.

La primera suerte es *la cala de caballo*, la prueba que muestra como el charro maneja el caballo. Cada charro entra en el estadio a todo galope. Frena su caballo bruscamente y el caballo se apoya en sus cuartos traseros y resbala para parar. Enseguida el charro da vuelta a su caballo, primero a la derecha y después a la izquierda. Entonces, tirando suavemente de la rienda, hace caminar el caballo hacia atrás. La suerte se termina con un saludo a los jueces, y después el charro sale del ruedo a todo galope.

Piales —la próxima suerte— quiere decir lazar un animal. Charros montados se turnan a lazar las piernas traseras de una yegua salvaje que galopa. El objeto no es tropezar al caballo sino frenarlo hasta que se pare. Si el charro logra poner el pial debajo de las patas del caballo, le da vuelta a la soga en la perilla para retardar la yegua. Humo sale con la fricción de la soga que hila la perilla.

Coleadero era la manera tradicional de controlar a un toro retozón en los campos. Cuando un toro se escapaba del hato el charro lo perseguía, agarraba su cola y lo tumbaba. Si se iba otra vez, el charro lo coleaba otra vez. Al fin el toro entendía y se quedaba con su hato.

En la charreada el charro corre a todo galope al lado de un toro, agarra su cola y la enreda en su pierna derecha. Entonces vira el toro por la cola hasta que lo derriba. ¡Cuatro patas del toro en el aire significa un coleadero perfecto!

En *el jineteo de toros,* se pone un toro en un cajón de la rueda para ponerle un pretal. El charro se monta en el toro y agarra el pretal con las dos manos. La puerta se abre y toro con charro se lanzan al ruedo. El toro salta y patea. La suerte termina cuando el toro arroja al charro o se cansa y para.

Para *la terna* un equipo de tres charros trabajan juntos. Tienen ocho minutos para lazar un toro, derribarlo y soltarlo. El primer charro laza el toro por la cabeza o por los cuernos. El próximo charro lo laza por las patas traseras. Con sus sogas alrededor de las perillas los charros se separan, derribando al toro. Entonces el tercer charro se desmonta y suelta al toro.

En la próxima suerte, *el jineteo de yeguas,* un charro intenta quedarse montado sin silla sobre una yegua salvaje. El charro se sujeta sólo por un pretal, mientras la yegua corcoveando lo sacude. Cuando se calma el caballo, el charro agarra la oreja de la yegua, le quita el pretal y se desmonta ágilmente.

Un estallido de música de mariachis
anuncia el intermedio. Es hora
para las escaramuzas.

Señoritas ejecutan un ballet
ecuestre llamado *escaramuza charra*.
Las señoritas montan a sentadillas
con sombreros y elegantes vestidos
con faldas amplias. Los espectadores
se emocionan al ver las escaramuzas
entrar al lienzo a todo galope, con
las crines de los caballos y los
vestidos escarolados revoloteando
al viento.

Los charros regresan.
En *las manganas*
el charro tiene que
lazar una yegua por
las patas delanteras
y tumbarla.

El charro comienza a florear, brincando por el lazo de un lado al otro hasta que la yegua se acerca. Entonces arroja el lazo hacia el caballo. Si el lazo atrapa las patas, el charro se asegura y aprieta la soga, lo cual tumba la yegua. Uno de los compañeros se desmonta y suelta la yegua que trota al corral. Las manganas también se hacen a caballo.

La última suerte y la más peligrosa es *el paso de muerte*. Mientras tres compañeros arrean una yegua salvaje, el charro montado sin silla se le acerca. Subiendo a rodillas, el charro brinca sobre la yegua agarrándose por los pelos de la crin. La yegua empieza a patear y a saltar para tirar al jinete. Sujetándose sólo por los pelos de la crin y sus piernas, el charro tiene que seguir montado hasta que se canse la yegua y logre desmontar con calma.

Haciéndose charro

Los muchachos aprenden a charrear de los hombres de su familia. También asisten a escuelas donde estudian con charros campeones. Durante sus vacaciones de escuela pasan el tiempo floreando, montando a caballo, enlazando toritos y el uno al otro. También aprenden los valores de la palabra "caballero" que quiere decir jinete tanto como hombre decente.

Haciéndose charra

Mientras los muchachos mejoran su pericia con la reata, las muchachas ensayan montar a caballo. Una escaramuza de muchachas ensaya en *blue jeans* para la charreada de mañana. Las señoritas se montan altas a sentadillas. La pierna derecha está en un soporte enfrente de la silla y el pie izquierdo cabe en un estribo. Los caballos están entrenados a responder rápido a las riendas y sus pasos son ágiles y ligeros.

Mañana es un gran día para todos pero en particular para la más joven charrita. Esta es su primera participación en la charreada. Es el día del charro, el día en que se celebran los charros por todo México.

El día del charro

El sol de la mañana sale por detrás de los campanarios de la iglesia de Nuestra Señora de Guadalupe. A la entrada se juntan charros y charras con trajes y vestidos elegantes.

Hombres y mujeres llevan sombreros. Los hombres y muchachos usan corbata de lazo y pantalones apretados con botas y espuelas. Algunos usan chaquetas con adornos. Otros usan chaparreras.

Las charras usan chaquetas con faldas largas para montar. Las escaramuzas llevan vestidos coloridos y adornados que se llaman "Adelitas," por una canción sobre las mujeres que pelearon al lado de sus hombres durante la revolución.

El son de las campanas se mezcla con el retintín de las espuelas cuando los charros y escaramuzas entran a la iglesia para la misa. El santuario brilla con las velas que rodean y acaloran el altar. Juntos, la multitud celebra su fe y tradiciones.

La misa concluida, los jinetes se montan a caballo. Los caballos llevan sillas, frenos y estribos de rica artesanía. Algunos charros tienen decoraciones de plata en los pantalones. Muchos llevan pistolas como símbolo de su participación en las guerras de México.

Los charros y charras, jóvenes y grandes, se trasladan a las avenidas de Guadalajara. El espectáculo evoca alegría y aplauso de la gente en las aceras. El largo desfile llega a la plaza frente al palacio del gobernador. En el balcón, el gobernador y otros dignatarios saludan a los charros.

Mariachis

En medio de la plaza, en una plataforma de banda ornada, mariachis vestidos de traje charro de etiqueta tocan y cantan rancheras, las canciones tradicionales. El traje de charro también se usa para bailar el jarabe tapatío, un baile tradicional de México.

Cuando termina el desfile, los charros, las escaramuzas y los espectadores salen de la plaza para asistir las varias charreadas que se celebrarán por toda la ciudad.

La charreada de niños

Una charreada de niños llena el tribunal del lienzo. Cada charrito corre su caballo y lo frena en el ruedo para la cala de caballo. El charrito le da vuelta a su caballo y lo camina al revés. Termina la suerte con un saludo y galopea fuera del ruedo.

Con los consejos de los charros grandes, los jóvenes se turnan en lanzar sus reatas en los piales. Los muchachos se muerden los labios cuando florea mientras esperan el momento preciso para lanzar sus reatas. Hay muchos que fallan.

En *el coleadero* los niños sólo tienen que agarrar la cola de un torito. Pero los muchachos más grandes tienen que derribar al toro, y después corren hacia el tribunal y con una gran sonrisa saludan al público.

En *el jineteo de toros,* los toros son más pequeños que en la charreada adulta pero para un niño el recorrido es igual.

Sueltan otro toro y el equipo montado comienza la terna. El primer charrito laza la cabeza del toro y lo sujeta mientras su compañero lanza el pial debajo de las patas traseras. Entonces los dos jinetes arrancan las patas y tumban el toro.

Atrás de las puertas del ruedo los padres preparan a sus hijas para la escaramuza. Cuando el último toro regresa al corral, la música llena el lienzo. Las puertas del ruedo se abren y las señoritas entran cabalgando.

Las muchachas cabalgan alrededor del estadio. La ráfaga de sus vestidos se mezcla con el polvo que los caballos levantan. Las escaramuzas se dividen en dos líneas y se cruzan una a otra. Después del último medio galope alrededor del lienzo, se voltean y salen del lienzo seguidas por la música y los aplausos del público.

La charreada sigue con las manganas. Porque son jóvenes se les permite quedar más cerca a la barrera. Pero eso los pone más próximo al camino de los caballos tronantes. Afrontan la carga de la yegua mientras sus compañeros la arrean.

Un muchacho consigue lazar las patas frontales de la yegua. Crujiendo los dientes, deja correr la soga mientras se retrepa con todo su peso. Aprieta la soga —y la yegua cae.

Un tumulto estalla en el lienzo. El aire se llena de gritos. Sombreros, zapatos, botas y rebozos caen en el estadio para honrar el charrito por su destreza y valor. El niño sonríe y camina por el lienzo devolviendo las cosas a la gente en las tribunas.

Ahora el lienzo se pone muy quieto porque el paso de muerte va a comenzar. Parientes y compañeros miran con ansia a los tres jinetes que arrean una yegua por el ruedo. Un joven corre su caballo al lado de la yegua. Dobla sus piernas hasta que está montado de rodillas. Aspira aire y salta— y desaparece entre los caballos.

La multitud boquea y por un momento todos están quietos mientras que el muchacho queda tendido en la tierra. Pero de repente alza la cabeza y se pone de rodillas. Está bien, sólo un poco asustado. Se sacude el polvo y monta su caballo de nuevo. Los aficionados aplauden su valor.

Se hace tarde. Poco a poco el lienzo se llena de sombra. La gente en el tribunal se pone de pie para saludar a los jóvenes cuando forman cola para recibir sus premios.

Otra charreada ha terminado. Pero los hombres, mujeres y niños de México montarán otra vez para charrear y celebrar sus tradiciones, porque ser charro es ser mexicano.

Gracias a los que ayudaron con este libro:

Rafael (La Menus) Ramírez Michel,
don Pablo Barba y Barba, Gustavo Moreno S.
y Ana María (La Prieta) Zermeño,
Ricardo Zermeño, Hernán Díaz Batista,
Ana Guadalupe Lara Díaz, Oscar Valadez Cázares,
Manuel Ramírez Martínez, Rogelio Ramírez Martínez,
Genoveva Rosales López, Manuel Ramos Medina
del Centro de Estudios de Historia de México
Condumex, y a Marina Ancona mi hija
que me ayudó con la fotografía.